W0306245

Ingriani Machander

Weihnachtsbasteln mit Nudeln

AUGUSTUS

Inhalt

Material und Hilfsmittel

- Nudelsorten nach Bedarf
- Wattekugeln, 1, 1,5 und 2 cm Durchmesser
- Perlongarn zum Aufhängen der Figuren
- Acrylfarben je nach Bedarf
- eventuell Klarlack (falls Sie keine Acrylfarben verwenden wollen)
- kleine Gefäße für die Farben (wenn Sie selbst mischen wollen)
- Pinsel in verschiedenen Stärken
- wasserfester dünner Filzstift in Rot und Schwarz zum Aufmalen des Gesichts
- etwas stärkeres gerolltes Papier (als Halterung, wenn Sie die Nudeln bemalen)
- Heißklebepistole mit Klebestiften
- Tropfenfänger für die Heißklebepistole (zum Beispiel ein alter Deckel von einem Gurkenglas)
- Leim, falls Sie keine Heißklebepistole verwenden möchten (hier dauert das Trocknen des Klebstoffs aber wesentlich länger)
- feine Pinzette zum Anbringen von kleinen Nudelteilen
- Tomatenmesser
- Nagelfeile
- kleiner Styroporblock, mit Schaschlikspießen bestückt (Hilfsmittel zum Trocknen der bemalten Nudelteile)
- weißes Tonpapier
- farbige Wellpappe
- farbiger Tonkarton

Allgemeine Hinweise zur Verarbeitung von Nudeln

Die in den Arbeitsanleitungen aufgeführten Nudelarten sind in jedem gut sortierten Supermarkt erhältlich oder Sie kaufen sie in einem Geschäft, das italienische Lebensmittel führt. Getrocknete Teigwaren sind sehr zerbrechlich. Deshalb dürfen Sie auf keinen Fall großen Druck auf die Nudeln ausüben.

Farben

Acrylfarben eignen sich am besten für das Bemalen von Nudeln, denn sie verleihen den Figuren einen schönen Glanz. Wenn Sie andere Farben benutzen, lackieren Sie die Figur nach Fertigstellung noch mit Klarlack. Haben Sie kleine Teile (zum Beispiel Suppenmuscheln wie bei den Engelhaaren) zu färben, empfiehlt es sich, zuerst die großen Teile anzumalen und zusammenzukleben. Danach kleben Sie die kleinen Nudelteile auf die dafür vorgesehenen Stellen und malen sie erst jetzt an. Diese Vorgehensweise ist einfacher, denn Sie müssen dann nicht mühevoll jede winzige Nudel einzeln zum Färben in die Hand nehmen.

Verwenden Sie möglichst keine Wasserfarbe. Die könnte, wenn sie zu langsam trocknet oder zu viel davon verwendet wird, die Nudel aufweichen.

Klebstoff

Mit Heißkleber lassen sich die Nudeln optimal zusammenkleben. Leim eignet sich nur für kleine Teile, und da auch nur, wenn Sie die Nudelstücke auf einer Unterlage liegend zusammenfügen können.

Schadhafte Stellen

Überprüfen Sie jede Figur nach der Fertigstellung auf Farbschäden und unschöne Klebestellen. Nehmen Sie einfach die entsprechenden Farben und bessern Sie die fehlerhaften Stellen aus. Behandeln Sie die fertigen Figuren wie feines Porzellan, denn sie sind sehr zerbrechlich.

Weihnachtsboten

Ob bärtiger Nikolaus oder duftige Engelschar, diese sympathischen Figuren dürfen in der Weihnachtszeit auf keinen Fall fehlen.

Nikolaus mit Tannenbaum

So wird's gemacht

Alle Teile nach Bildvorlage anmalen und nach dem Trocknen zusammenbauen. Die Suppennudeln erst nach dem Ankleben bemalen, wie auf Seite 4 beschrieben.

Nachdem Sie den Nikolaus auf dem Lasagne-Boden befestigt haben, müssen Sie nur noch links von ihm den Tannenbaum fixieren.

Das wird gebraucht

- 1 Wattekugel für den Kopf, 2 cm Durchmesser
- 1 Rigatoni für den Körper
- 3 Pipe rigate (1 als Mütze, 2 als Arme)
- 1 Truli als Mützenbund
- mehrere Suppenmuscheln für die Nase, den Bart und die Haare
- 2 Orecchiette baresi für die Füße
- 1 grüne Tannenbaumnudel
- Lasagne für Standfläche, 5 x 6 cm groß
- Farben in Rot, Weiß, Rotgold, Hautfarbe, Grün
- wasserfester dünner Filzstift in Schwarz

Engel mit Laterne

So wird's gemacht

Kleben Sie die Figur vor dem Bemalen nach der Bildvorlage zusammen. Achten Sie darauf, dass der rechte Arm etwas nach oben und der linke nach unten gerichtet ist. Die Farfalle wird als Flügel an den Rücken geklebt.

Brechen Sie von der Makkaroni ein etwa 6 cm langes Stück ab und kleben Sie den Nudelstern auf den Makkaroni-Stab. Die Spagetti brechen Sie in vier Teile zu je 1,5 cm. Dann kleben Sie diese Stücke auf eine Truli (Laternenboden) und darauf die zweite Truli (Laternendeckel). Die etwa 2 cm lange gebogene Hohlnudel wird als Griff auf den Deckel der Laterne geklebt. Wenn die Laterne fertig ist, wird sie an der rechten Hand des Engels befestigt. Den Stab mit dem Stern kleben Sie an seine linke Hand. Die zwei Orecchiette baresi werden als Füße auf der Lasagne-Platte befestigt. Dahinter fixieren Sie den fertigen Engel. Achten Sie darauf, dass der Engel eben steht.

Zur Verzierung kleben Sie noch einen Nudeltannenbaum auf die Standfläche. Dann malen Sie den gesamten Körper mit Silberfarbe an, den Kopf mit Hautfarbe, den Stern in Gold und den Nudeltannenbaum in Grün. Zuletzt das Gesicht mit schwarzem und rotem Filzstift aufmalen.

Das wird gebraucht

- 1 Wattekugel für den Kopf, 2 cm Durchmesser
- 1 Rigatoni für den Körper
- 3 Hörnchen für Arme und Kragen
- 1 Farfalle für die Flügel
- 2 Suppenmuscheln für die Hände
- mehrere Suppensterne für die Haare
- 2 Orecchiette baresi für die Füße
- 1 Makkaroni für den Sternstab
- 1 Nudelstern
- 1 Nudeltannenbaum
- 2 Truli als Deckel und Boden der Laterne
- 1 gebogene Hohlnudel für den Laternengriff
- 1 Spagetti für das Laternengehäuse
- Lasagne für die Standfläche, 6 x 5 cm groß
- Farbe in Silber, Gold, Grün
- wasserfester dünner Filzstift in Schwarz und Rot

Engel mit Kerze

So wird's gemacht

Folgende Teile werden weiß gefärbt: die Farfalle, die Rigatoni, die zwei Hörnchen, die Lasagne-Platte beidseitig und die Tubetti. Danach kleben Sie die Wattekugel auf die Rigatoni und malen den Kopf in Hautfarbe an. Jetzt kleben Sie die Graupennudeln als Haare auf den Kopf (Pinzette verwenden) und malen diese anschließend hellbraun an. Dafür benutzen Sie am besten einen sehr feinen Pinsel, damit Sie auch gut in die Zwischenräume kommen.

Die zwei Hörnchen rechts und links als Arme an der Rigatoni anbringen. Die Farfalle auf dem Rücken festkleben. Wenn der Engel fertig ist, kleben Sie ihn auf die Lasagne-Platte.

Für die Flamme der Kerze wird ein Stück abgebrochene Lasagne gelb angemalt. Das innere Teil der Flamme wird orange gefärbt. Der Lasagne-Teil wird dann direkt in die Tubetti geklebt. Das 1 cm lange Stück Spagetti wird an der Anelli siciliani befestigt. Den Kerzenhalter bemalen Sie mit Goldfarbe.

Die fertige Kerze befestigen Sie auf dem Kerzenhalter. Alles zusammen wird dann am rechten Arm des Engels fixiert.

Das wird gebraucht

1 Wattekugel für den Kopf, 2 cm Durchmesser
1 Rigatoni für den Körper
2 Hörnchen für die Arme
1 Farfalle für die Flügel
einige Graupennudeln für die Haare
etwas Lasagne für die Standfläche und die Flamme
1 Tubetti für die Kerze
1 Anelli siciliani für den Kerzenhalter
1 Stück Spagetti für den Kerzenhalter, ca. 1 cm lang
Farben in Weiß, Gelb, Orange, Gold, Hellbraun, Hautfarbe
wasserfester dünner Filzstift in Schwarz und Rot
Pinzette
sehr feiner Pinsel

Engel mit Ziehharmonika

So wird's gemacht

Alle Teile, mit Ausnahme der Wattekugel, werden lila angemalt. Die Wattekugel auf die Rigatoni kleben und anschließend den Kopf mit Hautfarbe bemalen. Das Gesicht aufzeichnen. Die Suppensterne mit Hilfe einer Pinzette ankleben und anschließend lila färben. Fügen Sie nach dem Trocknen der Farben alle übrigen Nudelteile nach der Bildvorlage zusammen. Die vier Sputnik-Teile kleben Sie von vorne nach hinten als Standfläche an die Rigatoni.

Das wird gebraucht

1 Wattekugel für den Kopf, 2 cm Durchmesser
1 Rigatoni für den Körper
2 Pipe rigate für die Arme
1 Sputnik als Ziehharmonika
1 Sputnik, in 4 gleich hohe Teile geschnitten, für die Standfläche
1 Farfalle für die Flügel
2 Hörnle als Heiligenschein
einige Suppensterne für die Haare
Farben in Lila, Hautfarbe
wasserfester dünner Filzstift in Schwarz und Rot
Pinzette

Engel mit Sternhalter

So wird's gemacht

Wenn Sie mit Goldspray arbeiten wollen, setzen Sie zuerst alle Teile zusammen und besprühen dann die ganze Figur. Zuletzt wird das Gesicht aufgezeichnet.

Das wird gebraucht

- 1 Wattekugel für den Kopf, 2 cm Durchmesser
- 1 Rigatoni für den Körper
- 2 Hörnchen für die Arme
- 2 Muscheln für die Flügel
- 1 Stück Makkaroni für den Sternhalter, 3 cm lang
- 1 Nudelstern
- 2 Orecchiette baresi für den Hut und den Fuß
- Farbe in Gold oder Goldspray
- wasserfester dünner Filzstift in Schwarz

Möchten Sie lieber Acrylfarbe verwenden, dann gehen Sie folgendermaßen vor:

Die Einzelteile werden vor dem Zusammenbau mit Goldfarbe bemalt und das Gesicht mit wasserfestem dünnen Filzstift aufgetragen. Danach kleben Sie alle Teile nach der Bildvorlage zusammen. Achten Sie darauf, dass Sie die Muscheln mit der Spitze nach außen auf den Rücken der Figur kleben. Den fertigen Sternstab fixieren Sie am linken Arm des Engels. Ganz zum Schluss korrigieren Sie die sichtbaren Klebestellen mit der entsprechenden Farbe.

• Tipp •

Wenn Sie mehrere dieser Engel basteln, können Sie die Figuren auch als Mobile verwenden. Dann brauchen Sie natürlich keine Standfläche. Stattdessen kleben Sie ein Stück Perlonfaden an den Rücken der Engel und binden die Himmelsboten an dünne Stäbe.

Schlafender Engel

So wird's gemacht

Beginnen Sie mit dem Bemalen der Nudelteile. Halten Sie sich dabei an die Vorgaben auf dem Bild.

Kleben Sie als Nächstes auf die Ditali rigati den Kopf. Am unteren Teil kleben Sie das Hörnle fest. Links und rechts von der Ditali rigati fixieren Sie jeweils ein Hörnle als Arm. Nun werden die beiden Gnocchetti sardi als Flügel in Schulterhöhe angeklebt.

Bringen Sie den Engel an der offenen Seite der Riesenmuschel an. Der Unterkörper muss dabei in die Riesenmuschel hineinragen. Die Riesenmuschel kleben Sie dann auf dem Lasagne-Boden fest. In der Rigatoni fixieren Sie nun das kleine Stück Lasagne für die Flamme und die ganze Kerze auf dem Lasagne-Boden.

Das wird gebraucht

- 1 Wattekugel für den Kopf, 1 cm Durchmesser
- 1 Riesenmuschel
- 3 Hörnle für die Arme und den Unterkörper
- 1 Ditali rigati für den Oberkörper
- 2 Gnocchetti sardi für die Flügel
- 1 Rigatoni für die Kerze
- Lasagne für die Standfläche, 2 x 4 cm groß, und ein kleines Stück für die Flamme
- Farben in Weiß, Hautfarbe, Gelb, Braun, Schwarz, Rot

Engelschar

So wird's gemacht

Sämtliche Körperteile, die Instrumente sowie den Heiligenschein nach der Bildvorlage anmalen. Bei der Flöte die schwarzen Punkte (Luftlöcher) nicht vergessen.

Fügen Sie als Nächstes die Engelteile zusammen.

Bei einem Engel kleben Sie den Heiligenschein auf den Kopf. Beim zweiten fixieren Sie den Taktstock am Arm, beim dritten wird die Flöte zwischen die Arme geklebt. Achten Sie darauf, dass die abgeschrägte Seite nach innen zum Mund zeigt.

Nun vervollständigen Sie den Posaunisten. Hier kleben Sie zuerst das

Das wird gebraucht

- 5 Wattekugeln für die Köpfe, jeweils 2 cm Durchmesser
- 5 Rigatoni für die Körper
- 10 Orecchiette baresi für die Flügel
- 10 Hörnle für die Arme
- 1 schräg geschnittene Makkaroni für die Flöte, 3 cm lang
- 1 Anelli siciliani für den Heiligenschein
- 4 Suppenmuscheln für die Trommelschlegel
- 1 Ditali rigati für die Trommel
- 2 Spagetti-Stücke für den Trommelstab, jeweils 2 cm lang
- Perlonfaden für das Trommelband
- 1 dünnes Hörnchen für die Posaune
- 1 Fioreli für die Posaune
- 1 Spagetti-Stück als Taktstock, 6 cm lang
- Farben in Weiß, Hautfarbe, Braun, Schwarz, Gold, Silber, Rot

Hörnchen in die Fioreli und dann das Hörnchen zwischen die Arme direkt an den Mund. Die Posaune muss nach oben zeigen.

Zum Schluss nehmen Sie sich den Trommler vor. An die etwa 2 cm langen Spagettistücke kleben Sie jeweils zwei Suppennudeln gegeneinander. Diese beiden Trommelstöcke befestigen Sie an jeweils einem Arm. In die Ditali rigati kleben Sie das Stück Faden ein. Achten Sie darauf, dass der Faden lang genug ist. Hängen Sie abschließend die Trommel um den Hals des Engels.

Kerzen- und Krippenmotive

Überraschen Sie Ihre Familie zum ersten Advent doch einmal mit einem selbst gebastelten Adventskranz aus Nudeln. Wenn Sie die hier vorgestellten Kerzenmotive gut geschafft haben, dürfte Ihnen ein weiteres Weihnachtsmotiv – nämlich die Krippenszene – auch keine Schwierigkeiten mehr bereiten.

Adventskranz

So wird's gemacht

Bemalen Sie als Erstes die Nudelteile (bis auf die Dochte) so, wie auf dem Bild vorgegeben.

Brechen Sie dann die Spagetti in vier Teile und kleben Sie jeweils einen davon als Docht auf die Makkaroni-Kerzen. Färben Sie die Dochte schwarz. Die zwei Creste di gallo werden Loch an Loch so zusammengeklebt, dass ein Ring entsteht. Die Kerzen in gleichmäßigen Abständen auf diesem Ring befestigen. Nun kleben Sie an jede Kerze eine rote Suppennudel. Die Rundung muss nach oben schauen. Als Letztes wird vor jede Kerze eine Minischleifennudel platziert.

Das wird gebraucht

- 2 Creste di gallo für den Kranzboden
- 4 Minischleifennudeln für die Schleifen
- 4 Suppenmuscheln für die Weihnachtskugeln
- 1 Makkaroni für die Kerzen
- 1 Spagetti für den Docht
- Farben in Weiß, Grün, Gold, Rot, Schwarz

Kerzenleuchter

So wird's gemacht

Um die Flammen darzustellen, benötigen Sie drei etwa 1 cm lange Lasagne-Teile. Diese müssen so breit sein, dass sie in die Rigatoni passen. Nun bemalen Sie die Nudelteile, wie auf dem Bild vorgegeben.

Kleben Sie nach dem Trocknen der Farben das Nudelrädchen auf die Cannelloni. Die Gnocchi befestigen Sie etwa 0,5 cm vom oberen Rand der Cannelloni entfernt.

Nun kleben Sie jeweils zwei Hörnchen so zusammen, dass ein S entsteht. Diese Formen werden dann mit einem Ende in eine Gnocchi geklebt. Passen Sie auf, dass die beiden zusammengeklebten Hörnchen nicht auseinander brechen. Auf das freie Ende der Hörnchen kleben Sie nun jeweils eine Truli. Achten Sie dabei darauf, dass die Truli eben aufliegen, denn die Kerzen sollen ja später gerade stehen.

Kleben Sie nun vorsichtig die Flammen in die Rigatoni und als Nächstes platzieren Sie zwei Kerzen auf den Truli und eine auf dem Rädchen. Danach fixieren Sie die Muscheln am unteren Ende der Cannelloni so, dass der Kerzenständer gerade steht.

Zum Schluss korrigieren Sie eventuell sichtbare Klebestellen, indem Sie diese mit der entsprechenden Farbe übermalen.

Das wird gebraucht

- 1 Cannelloni für den Leuchter, 9,5 cm lang, ca. 2,5 cm Durchmesser
- 1 Nudelrädchen für den Leuchterabschluss
- 4 Hörnchen für die Leuchterarme
- 2 Truli als Kerzenhalter auf den Leuchterarmen
- 6 Gnocchi für die obere Dekoration
- 6 Muscheln für die Dekoration am Leuchterfuß
- 3 kleine Rigatoni als Kerzen
- etwas Lasagne für die Flammen
- Farben in Gold, Weiß, Rot, Gelb

Große Krippe

So wird's gemacht

Als Erstes die drei Hörnchen, die vier 1,5 cm langen Hohlnudeln für die Arme von Maria und Josef und die zwei Bandnudeln weiß färben. Dann kleben Sie auf das kleinere Hörnchen die kleinere Suppenmuschel. Achten Sie darauf, dass die beiden Enden nach hinten schauen. Ebenso verfahren Sie mit den beiden anderen Hörnchen und Suppenmuscheln. Die Suppenmuscheln färben Sie dann mit Hautfarbe und zeichnen zum Schluss das Gesicht auf.

Kleben Sie als Nächstes die zwei Bandnudeln am Kopf Marias als Kopftuch an. Dann erst befestigen Sie die zwei Hohlnudelstücke am Rücken als Arme. Ebenso verfahren sie mit den beiden anderen Hohlnudeln an Josefs Körper.

Für Josefs Hut kleben Sie jetzt ein Stück Spätzle oder Hohlnudel auf dessen Kopf und darauf in die Mitte eine kleine Suppenmuschel. Für die Krippenbeine nehmen Sie zwei U-förmige Hohlnudeln. Wahrscheinlich müssen Sie die Teile vorher in Form brechen. Malen Sie die Beine dunkelbraun an.

Die Gnocchi färben Sie mit brauner Farbe und kleben sie auf die Krippenbeine. Verteilen Sie nun am Rand der Krippe 16 bis 18 Hohlnudelstücke, die Sie zuvor schon hellbraun gefärbt haben. Diese sollen das Heu darstellen.

Nun wird das Jesuskind auf das Heu bzw. in die Krippe geklebt.

Die Lasagne-Platten für das Dach und die Makkaroni-Teile für die Stützen werden dunkelbraun, die Rippetti bzw. die

Das wird gebraucht

- 3 Hörnchen (1 etwas kleiner) für die Körper
- 3 Suppenmuscheln (1 etwas kleiner) für die Köpfe
- 5 Hohlnudeln für die Arme von Maria und Josef sowie für den Stock von Josef
- mehrere Hohlnudelstücke für die Beine der Krippe und für das Heu
- 1 Gnocchi für die Krippe
- 2 Bandnudelstücke für Marias Kopftuch, jeweils 2 cm lang
- 1 Vollkornspätzle oder 1 Hohlnudel für die Krempe von Josefs Hut
- 1 kleine Suppenmuschel für das Oberteil vom Hut
- 2 Makkaroni-Stücke für die Dachstützen, jeweils 6 cm lang
- 2 Lasagne-Stücke für das Dach, jeweils 4 x 5 cm groß
- 1 Weihnachtssternnudel
- 1 Rippetti oder 1 Sputnik für die Dachhalterung (Giebel)
- 4 Tannenbaumnudeln
- Lasagne für die Standfläche, 6 x 8 cm groß
- Farben in Tannengrün, Weiß, Hautfarbe, Schwarz, Rot, Gold, Dunkelbraun, Hellbraun
- wasserfester dünner Filzstift in Schwarz und Rot

Sputnik-Nudel wird schwarz und der Stern golden bemalt.

Die beiden Lasagne-Platten kleben Sie im 90-Grad-Winkel in die Rippetti oder die Sputnik ein.

Bei den beiden Makkaroni-Teilen jeweils eine Seite abschrägen und diese an das Dach kleben. Die Lasagne-Platte für die Standfläche mit einem Gemisch aus Hellbraun, Schwarz und Grün beidseitig bemalen sowie die Tannenbäume färben.

Zum Schluss fixieren Sie die Krippe und die Figuren auf der Standfläche (siehe Bild).

Figuren in der weißen Winterlandschaft

Auch wenn es draußen bitterkalt ist, kann man in der Winterlandschaft allerlei großen und kleinen Wesen begegnen. Gleich um die Ecke stolpert man fast über den Schneemann, ein Mädchen ist auf dem Schlitten unterwegs, ein Hirte kommt den Hügel heruntergeschritten und am Südpol trifft man sogar das ganze Jahr über Pinguine an.

Schneemann

So wird's gemacht

Der Zylinder besteht aus einer Ditali rigati und einer Truli. Malen Sie die beiden Teile schwarz an. Die Spagetti-Stücke kleben Sie kreisförmig um ein Ende der Makkaroni. Malen Sie anschließend den Besen schwarz an.

Die beiden Riesenmuscheln bilden den Schneemann-Körper. Sie werden Öffnung an Öffnung zusammengeklebt und dann weiß angemalt. Die Pipe rigate und die Tannenbaumnudel bemalen Sie ebenfalls weiß. Die Wattekugel wird auf die Spitzen der zwei Muscheln geklebt. Den ganzen Körper befestigen Sie dann auf der Orecchiette.

Nehmen Sie nun zwei Bandnudelstücke und passen Sie diese als Schal um den Hals des Schneemanns an. Malen Sie die Teile rot an. Die Pipe rigate für die Arme werden rechts und links an den Körper,

die rot gefärbte Fusilli als Nase in die Mitte der Wattekugel und die ganze Figur dann auf die weiß bemalte Lasagne-Platte geklebt. Beachten Sie dabei, dass Sie noch Platz für den Besen und die Tannenbaumnudel benötigen. Als Nächstes fixieren Sie die beiden roten Bandnudelteile am Hals und die schwarz bemalten Suppenmuscheln als Knöpfe auf dem vorderen Teil des Körpers.

Zum Schluss noch den Besen am linken Arm des Schneemanns befestigen und die Tannenbaumnudel auf die Lasagne-Platte kleben. Betrachten Sie Ihre Figur genau und übermalen Sie sichtbare Klebestellen mit der entsprechenden Farbe.

Das wird gebraucht

- 1 Wattekugel für den Kopf, 2 cm Durchmesser
- 1 Ditali rigati für den Zylinder
- 1 Truli für den Zylinder
- 2 Riesenmuscheln für den Körper
- 1 Orecchiette baresi als Fuß
- 2 Pipe rigate für die Arme
- 1 Bandnudel für den Schal
- 2 Suppenmuscheln für die Knöpfe
- 1 Makkaroni für den Besenstiel, ca. 7,5 cm lang
- 8 Spagetti-Teile für den Besen, jeweils 2 cm lang
- 1 Fusilli für die Nase, 0,8 cm lang
- 1 Tannenbaumnudel
- Lasagne für die Standfläche, 7 x 5 cm groß
- Farben in Weiß, Schwarz, Rot

Schlittenfahrt

So wird's gemacht

Die Hohlnudeln werden an die 5 cm langen Makkaroni-Teile als Verlängerung vorne und hinten angeklebt. Die beiden 2 cm langen Makkaroni-Teile setzen Sie zwischen die Kufen. Das Ganze bemalen Sie mit Silberfarbe. Die Tannenbaumnudel färben Sie in Grün-Metallic. Den Rest der Nudelteile – außer den Suppenmuscheln (diese erst färben, wenn sie aufgeklebt sind) – in Gold färben oder später nach dem Zusammenkleben mit Goldspray besprühen.
Erst nach dem Trocknen der Farbe die Figur auf den Schlitten kleben.

Die Truli auf der Lasagne (Sitzfläche) etwa 0,5 cm vom vorderen Rand entfernt befestigen. Dieser Abstand muss unbedingt eingehalten werden, da später noch die Beine davor geklebt werden. Die halbe Rigatoni wird dann auf der Truli angebracht.

Jetzt fehlt noch der Kopf. Er wird von der Wattekugel gebildet, die Sie auf die Rigatoni kleben.
Die Hörnle als Beine nun an der Truli und der Sitzfläche anbringen. Um die Rigatoni kleben Sie die Creste di gallo (Rock)

Das wird gebraucht

Für das Kind
- 1 Wattekugel für den Kopf, 2 cm Durchmesser
- Suppenmuscheln für die Haare
- 1 halbe Rigatoni für den Körper
- 4 Hörnle für die Arme und Beine
- 3 Creste di gallo für den Rock
- 1 Truli für den Sitz
- 2 Bandnudelstücke für den Kragen

Für den Schlitten
- 2 Makkaroni für die Kufen, jeweils 5 cm lang
- 4 Hohlnudeln zur Verlängerung der Kufen
- 4 Hörnchen als Halterung für die Sitzfläche
- 2 Makkaroni für die Lehne, jeweils 1 cm lang
- 1 Makkaroni für die Lehne, 2 cm lang
- 2 Makkaroni für die Verbindung der Kufen, jeweils 2 cm lang
- Lasagne für die Sitzfläche, 2 x 5 cm groß
- 1 Tannenbaumnudel
- Farben in Silber, Grün-Metallic, Gold (oder Goldspray)
- wasserfester dünner Filzstift in Schwarz und Rot

und die beiden Hörnchen befestigen Sie als Arme links und rechts am Körper. Zwei gebogene Bandnudelstücke bilden den Kragen.

Die Suppenmuscheln werden als Haare auf den Kopf geklebt und goldfarben angemalt. Danach zeichnen Sie das Gesicht auf die golden gefärbte Wattekugel. Für die Lehne kleben Sie zuerst die zwei kleineren Makkaroni-Teile auf die Sitzfläche, dann das längere Teil auf die zwei zuvor angeklebten. Zum Schluss befestigen Sie die Tannenbaumnudel an der Lehne.

Fensterbild „Hirte“

So wird’s gemacht

Für den Rahmen Makkaroniteile zusammenkleben und mit Goldfarbe anmalen. Die Bandnudeln passen Sie dann genau in den Rahmen ein und malen diese sowie das Hörnchen und die zwei Spagetti-Arme weiß an. Die restlichen Fensterbildteile färben Sie und kleben Sie so zusammen, wie auf dem Bild vorgegeben.

Das wird gebraucht

Für den Rahmen
2 Makkaroni, jeweils 5 cm lang
2 Makkaroni, jeweils 9 cm lang
2 Bandnudeln
2 Tannenbaumnudeln
Für den Schäfer
1 Hörnchen für den Körper
2 Spagetti-Stücke für die Arme, jeweils 1 cm lang
1 Suppenmuschel für den Kopf
1 Hohlnudel für den Hirtenstab
Farben in Gold, Grün, Weiß, Schwarz

Pinguin

So wird's gemacht

Die beiden Riesenmuscheln werden Öffnung an Öffnung geklebt. Damit sie besser halten, kommt die Rigatoni genau dazwischen. Auf den oberen Teil des Körpers wird die Wattekugel geklebt, der untere Teil wird auf der weiß bemalten Lasagne-Platte fixiert. Achten Sie darauf, dass für die Füße noch Platz bleibt, denn die werden nach dem Bemalen vor dem Körper auf der Lasagne-Platte angebracht.

Die zwei Muscheln müssen ebenfalls noch schwarz und die Innenseiten weiß angemalt werden, bevor sie als Flügel am Rücken fixiert werden. Den Rückenteil des Pinguins färben Sie schwarz und den vorderen Teil weiß. Die Wattekugel malen Sie schwarz an, wobei Sie links und rechts jeweils eine Aussparung lassen. Auf diese freien Stellen malen Sie dann die Augen.

Die zwei Gnocchetti sardi für den Schnabel kürzen Sie mit einem Tomatenmesser um etwa drei Rillen und malen sie dann rot an. Dann kleben Sie die beiden Teile genau aufeinander, so dass eine Rundung nach oben und die andere nach unten zeigt. Danach kleben Sie den Schnabel mit der flachen Seite an den Kopf. Auf den oberen Schnabelteil setzen Sie abschließend noch zwei kleine schwarze Punkte für die Nasenlöcher.

Das wird gebraucht

- 1 Wattekugel für den Kopf, 2 cm Durchmesser
- 2 Riesenmuscheln für den Körper
- 1 Rigatoni für den Körper
- 2 Muscheln für die Flügel
- 4 Gnocchetti sardi für die Füße und den Schnabel
- Lasagne für die Standfläche, 2 x 4 cm groß
- Farben in Weiß, Schwarz, Rot
- Tomatenmesser

Originelle Ideen für den Gabentisch

Überraschen Sie Ihre Lieben doch einmal mit selbst gebastelten Figuren, die etwas mit einer Eigenschaft oder dem Hobby des Beschenkten zu tun haben. Die Schneegans ist zum Beispiel genau das Richtige für das immerzu „schnatternde" Töchterchen und die Lokomotive wird bestimmt einen Ehrenplatz auf Vaters Modelleisenbahn bekommen.

Das wird gebraucht

- 1 Wattekugel für den Kopf, 2 cm Durchmesser
- 1 gebogene Makkaroni für den Hals
- 2 Riesenmuscheln für den Körper
- 2 Muscheln für die Flügel
- 2 Tubetti für die Beine
- 2 Orecchiette baresi für die Füße
- 1 halbierte Orecchiette baresi für den Schnabel
- 1 Gnocchetti sardi für den Schwanz
- Lasagne für die Standfläche, 3,5 x 5 cm groß
- 2–3 stark gebogene Hohlnudeln für das Gras
- Farben in Weiß, Gelb, Dunkelgrün, Orange, Schwarz
- Tomatenmesser

Schneegans

So wird's gemacht

Malen Sie als Erstes die Gans sowie Boden und Gras nach der Bildvorlage an. Gehen Sie beim Zusammenkleben folgendermaßen vor: Zuerst befestigen Sie die mit einem Tomatenmesser halbierten Orecchiette-Teile als Schnabel auf der Wattekugel. Die Wölbungen müssen dabei nach außen schauen. Dann kleben Sie die Kugel auf die gebogene Makkaroni.

Als Nächstes bringen Sie die gebogene Makkaroni etwa 1,5 cm tief in einer Riesenmuschel an, dann die andere Riesenmuschel an der Öffnung der ersten. Auf die obere Riesenmuschel kleben Sie in Höhe der Klebestelle links und rechts die beiden Muscheln als Flügel an. Die Öffnungen müssen nach innen zeigen. Am hinteren Teil der oberen Riesenmuschel kleben Sie dann noch die Gnocchetti sardi als Schwanz fest. Hier muss die Rundung nach oben zeigen. Nun kleben Sie die Tubetti auf die Orecchiette. Die Wölbung muss nach oben schauen, denn sonst kann die Gans später nicht stehen. Danach kleben Sie die Füße an die untere Riesenmuschel. Der rechte Fuß zeigt nach hinten (siehe Bild). Die fertige Gans kleben Sie anschließend mit einem Bein auf die Lasagne-Platte. So sieht es aus, als ob die Gans läuft.

Zum Schluss müssen nur noch die Hohlnudeln (Grasbüschel) am Rand der Lasagne angebracht werden.

Lokomotive

So wird's gemacht

Zuerst beginnen Sie mit dem Bemalen der Nudeln. Die drei Verbindungsstücke sowie die sechs Rädchen färben Sie in Rot. Wenn die Farbe trocken ist, versehen Sie die Speichen noch mit etwas Blau-Metallic. Die Schleifen, die Gnocchi und die Orecchiette werden in Blau-Metallic angemalt. Den Rest der Lokomotive färben Sie schwarz. Nach dem Trocknen ziehen Sie dann noch die Zierstreifen.

Sie bauen die Lokomotive zusammen, indem Sie jeweils zwei Rädchen mit einer Makkaroni verbinden; so erhalten Sie drei Räderpaare. Nehmen Sie nun die Cannelloni und bringen Sie auf jeder Öffnung eine Orecchiette an. Dann kleben Sie die schrägen Seiten von jeweils zwei Penne rigate Öffnung an Öffnung so zusammen, dass eine glatte Verbindungsstelle entsteht.

Befestigen Sie als Nächstes die vier Dachstützen aus Penne-Nudeln mit der schrägen Seite auf der Cannelloni. Jeweils ein Paar bringen Sie hinten links und rechts an der Cannelloni an. Die Stützen müssen so weit auseinander stehen, dass später eine Sputnik-Nudel dazwischen passt. Die beiden anderen Stützen kleben Sie, eine Rigatoni-Länge von den hinteren Säulen entfernt, ebenfalls auf die Cannelloni.

Nehmen Sie sechs Rigatoni und kleben Sie jeweils drei an die linke und rechte Seite des Führerhäuschens. An der Front- und an der Heckseite befestigen Sie jeweils drei Sputnik-Nudeln. Das Dach besteht aus zwei Gnocchi, die das Dach vorne und hinten abschließen. Die Seitenteile des Dachs bilden zwei Schleifennudeln. Die dritte Schleifennudel wird zum Abdecken der Dachmitte benötigt.

Jetzt werden die Räderpaare unter die Cannelloni geklebt. Fangen Sie mit dem mittleren Paar an. Dann fixieren Sie das vordere und zum Schluss das hintere Paar. So erreichen Sie am besten einen gleichmäßigen Abstand der Räder.

Das wird gebraucht

- 1 Cannelloni als Lokkörper, ca. 10 cm lang
- 7 Rigatoni für die Seitenbrüstung am Führerhäuschen und für den Schornstein
- 6 Nudelrädchen
- 3 Teile Makkaroni für die Verbindungsstangen zwischen den Rädern, jeweils 3,5 cm lang
- 6 Sputnik für die Front- und Heckseite des Führerhäuschens
- 8 Penne rigate für die Stützsäulen am Führerhäuschen
- 2 Orecchiette baresi für den Lokkörper
- 3 Schleifennudeln/Farfalle für das Dach
- 2 Gnocchi für das Dach
- Farben in Schwarz, Blau-Metallic, Gold, Silber, Rosa-Metallic, Rot

Bei dieser Nostalgie-Lok darf natürlich der Schornstein nicht fehlen. Dazu nehmen Sie die übrige Rigatoni und kleben diese auf den vorderen Teil der Cannelloni, und schon kann der Zug abdampfen. Im letzten Arbeitsgang geben Sie Ihrer Lokomotive mit ein paar Pinselstrichen noch den letzten Pfiff.

Überprüfen Sie abschließend Ihr fertiges Modell auf sichtbare Klebestellen oder Farbschäden und bessern Sie diese mit der entsprechenden Farbe aus.

Glücksbringer zum Jahreswechsel

Als Tischschmuck für das Silvester-Menü oder als Mitbringsel für die Silvester-Party – Schornsteinfeger & Co. werden alle Gäste und Gastgeber fröhlich stimmen.

Schornsteinfeger

So wird's gemacht

Kleben Sie den Zylinderhut und die Leiter aus den einzelnen Nudelteilen zusammen und bemalen Sie die Stücke anschließend mit schwarzer Farbe. Danach färben Sie den gesamten Schornsteinfeger nach der Bildvorlage und kleben anschließend alle Einzelteile zusammen. Nicht vergessen, dem schwarzen Sympathieträger noch ein Gesicht aufzumalen!

Das wird gebraucht

1 Wattekugel für den Kopf, 2 cm Durchmesser
1 Rigatoni für den Körper
1 Truli für den Hut
1 Ditali rigati (oder 1 kurze Rigatoni oder 1/3 von einer langen Rigatoni) für den Hut
2 Hörnle für die Arme
2 Fussili-Stücke für die Leiterholme, jeweils 4 cm lang
3 Spagetti-Stücke für die Leitersprossen, jeweils 1,5 cm lang
1 Orecchiette baresi als Standbein
Farben in Hautfarbe, Braun, Schwarz, Rot

Glückswichtel

So wird's gemacht

Schneiden Sie als Erstes die Gnocchetti sardi für die Schuhe so in der Mitte durch, dass beide Spitzen unbeschädigt bleiben. (Verwenden Sie dafür am besten ein Tomatenmesser.) Bemalen Sie danach alle Nudelteile nach der Bildvorlage. Die Suppenmuscheln für Haare und Bart färben Sie der Einfachheit halber erst, wenn sie angeklebt sind. (Das Ankleben geht ganz einfach mit Hilfe einer Pinzette.)

Wenn die Farbe trocken ist, machen Sie sich ans Zusammenbauen der Wichtelteile.

Kleben Sie anschließend Wichtel, Leiter und Pilz auf die Standfläche. Die Schuhe (zwei halbe Gnocchetti sardi) bringen Sie direkt am Körper an, und zwar so, dass die Spitzen leicht zur Seite, also nach links und nach rechts zeigen.

Das wird gebraucht

1 Wattekugel für den Kopf, 2 cm Durchmesser
1 Occhi di lupo für den Körper
2 Pipe rigate für die Arme
1 Gnocchetti sardi für die Schuhe
1 Truli für den Hutrand
1 Ditali rigati für den Hut
1 Tubetti für den Pilzstil
1 Orecchiette baresi für den Pilzkopf
mehrere Suppenmuscheln für die Haare und den Bart
2 Fussili-Stücke für die Leiterholme, jeweils 4,5 cm lang
3 Spagetti-Stücke für die Leitersprossen, jeweils 2,2 cm lang
Lasagne für die Standfläche, 5 x 6 cm groß
Farben in Hautfarbe, Weiß, Schwarz, Rot, Hellbraun, Grün, Gold
feiner Pinsel
Pinzette
Tomatenmesser

Glücksschwein

So wird's gemacht

Für die Ohren teilen Sie die Gnocchetti mit einem Tomatenmesser genau in der Mitte. Gehen Sie dabei vorsichtig zu Werke, damit die Gnocchetti nicht zerbricht. Jetzt bemalen Sie alle Teile mit der Hautfarbe. Danach setzen Sie das Schwein nach der Bildvorlage zusammen. Achten Sie darauf, dass die unteren Hörnle mit der Mezze maniche eine glatte Fläche bilden, denn nur so kann das Schweinchen gerade sitzen.

Das wird gebraucht

1 Wattekugel für den Kopf, 2 cm Durchmesser
1 Mezze maniche rigati für den Körper
4 Hörnle für die Beine
1 Gnocchetti sardi für die Ohren
1 Suppenmuschel für die Rüsselschnauze
Farben in Schwarz, Hautfarbe
Tomatenmesser

Vorlagen für Geschenkanhänger Nikolaus

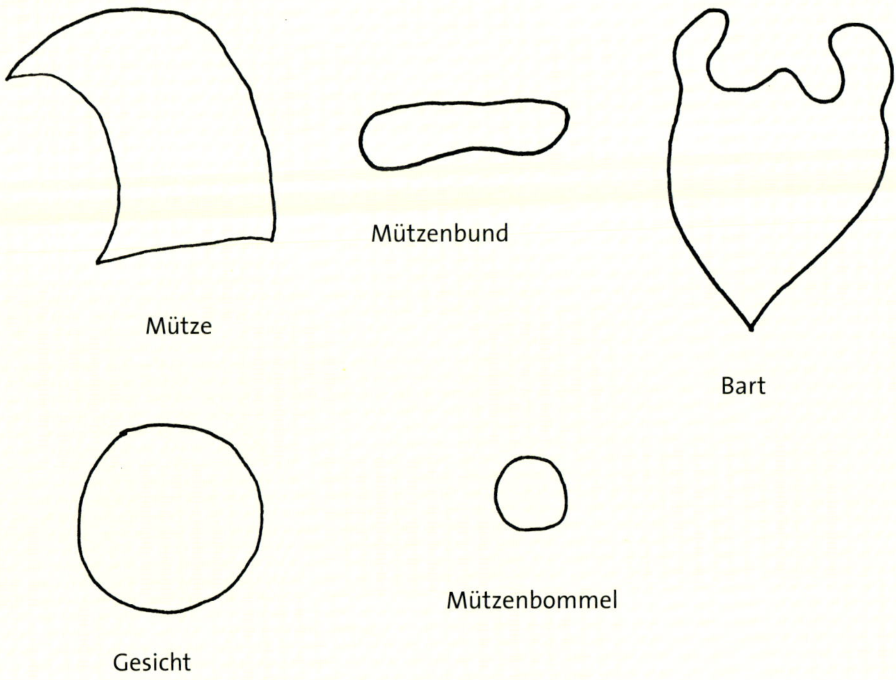

Die Deutsche Bibliothek – CIP-Einheitsaufnahme

Ein Titeldatensatz für diese Publikation ist bei Der Deutschen Bibliothek erhältlich.

Das Werk einschließlich aller seiner Teile ist urheberrechtlich geschützt. Jede Verwertung außerhalb des Urhebergesetzes ist ohne Zustimmung des Verlages unzulässig und strafbar. Das gilt insbesondere für Vervielfältigungen, Übersetzungen, Mikroverfilmungen und die Einspeicherung und Verarbeitung in elektronischen Systemen.

Die im Buch veröffentlichten Ratschläge wurden von Verfasserin und Verlag sorgfältig erarbeitet und geprüft. Eine Garantie kann dennoch nicht übernommen werden. Ebenso ist die Haftung der Verfasserin bzw. des Verlages und seiner Beauftragten für Personen-, Sach- und Vermögensschäden ausgeschlossen.

Jede gewerbliche Nutzung der Arbeiten und Entwürfe ist nur mit Genehmigung von Verfasserin und Verlag gestattet.

Fotografie: Klaus Lipa, Diedorf bei Augsburg
Lektorat: Susanne Gugeler, Mering
Umschlagkonzeption: Kontrapunkt, Kopenhagen
Umschlaglayout: Angelika Tröger
Reihenkonzeption: Kontrapunkt, Kopenhagen
Layout: Uhl + Massopust, Aalen

AUGUSTUS VERLAG, München 2000
© Weltbild Ratgeber Verlage GmbH & Co. KG.

Satz: Gesetzt aus 9,5 Punkt The Sans von Uhl + Massopust, Aalen
Reproduktion: Uhl + Massopust, Aalen
Druck und Bindung: Offizin Andersen Nexö, Leipzig

Gedruckt auf 135 g umweltfreundlich chlorfrei gebleichtem Papier.

ISBN 3-8043-0861-9

Printed in Germany